edition *Merlin*

egeben von Roland Rittig

Herausg

Dieter Mucke

Panik im Olymp

Gedichte

VERLAG JANOS STEKOVICS

Der Autor dankt
dem Land Sachsen-Anhalt
für die Förderung

Die Orakel der Vegetation

Winter

Die Bäume kralln sich in den Himmel und die Erde
Wie schwarze Blitze, die am Horizont erstarrten
Gebannt auf einen Negativfilm in Totalvision
Wo sie auf Frühlingsstürme und -gewitter warten.

Doch eine weiße Krähe streift mit ihren Schwingen
Die ausgefranst quer durch die Landschaft fahren
Die letzte Hoffnung aus den totgehexten Bäumen.
Der nächste Frühling kommt erst wieder in zehn Jahren.

Wanderung im Riesengebirge

Der Schneesturm reißt die Atemluft vom Munde.
Der Mittag kehrt sich um in Mitternacht.
Die Sonne rast als Vollmond und verschwindet
Im Kälterauch, der alles dunkel macht.

Die Eiskristalle an Markierungspfählen
Weisen wie Kompaßnadeln in den Gegenwind.
Mit Mühe mag man ein paar Fuß weit sehen
Wo schemenhaft die nächsten Pfähle sind.

Wer von uns beiden hat den längeren Atem.
Gewaltig faucht das Wintervieh mich an.
Ein Drachen, der mit seinen Flügeln flattert
Daß ich mich kaum noch aufrecht halten kann.

Wie Feuer brennt die Kälte in den Augen.
So laut es geht, ruf ich nach Rübezahl.
Die Riesen-Schneestaubschlangen fliehen hastig.
Da liegt die Hochebene, leer und fahl.

Mein Gott, wie hier die Zeit vergeht

Das sind die Orakel der Vegetation:

Jeden Frühling der Wust von Blüten, die
Wolke von Hoffnung.

Jeden Winter die Masse von Schnee, die
Menge von Hoffnungslosigkeit.

Dazwischen ein bißchen Wind und Gewitter
Oder die absolute Windstille im Hochsommer.

Das ist die Philosophie der Jahreszeiten
Und die Weltanschauung der Sonnenanbeter.

Nur Prometheus, der Querulant, stört die
Göttliche Ordnung, die im großen und ganzen

Himmlische Ruhe.

Abendlandschaft

Vom wunden Sonnenauge immer noch entzündet
Ins Dunkelrot die Bäume tiefschwarz eingebrannt
Ein Himmel, der von fernen Feuersbrünsten kündet.
Der Fluß strömt flammend durch das aufgerißne Land.

Personenzüge rauschen über lange Brücken.
Das Kunstlicht der Abteile leuchtet phosphorgrün.
An Fensterreihen sitzen Menschen und erblicken
Wildentenkeile, die wie Bomberstaffeln ziehn.

Hochgebirgslandschaft

Im riesigen Rachen der Tatra
Die bleckt ihr weißes Gebiß
Und gähnt Gott an im Himmel
Der ihr sehr gleichgültig ist
Und zwar schon ziemlich lange
Sie weiß nicht mehr seit wann
Sie gurgelt mit Wasserfällen
Und spuckt sie aus in den Tann.

Sie kann die aufgeblasnen
Wolken nicht mehr riechen
Sie pfeift auf die und läßt sie
Wie Hunde vor sich kriechen
Sie kratzt sich mit 'nem Steinschlag
Und lacht über das Geröll
Juckt ihr bei Wind und Wetter
Einmal das struppige Fell.

Februar

Der Winter ist ein schmutzig grauer Vogel.
Er mausert sich nun schon das fünfte Jahr.
Ihm wachsen dennoch keine neuen Federn
Und er weiß selber nicht, was ihm geschah.

Umringt von Narren und von wüsten Masken
Entlaufen einem Fastnachtsbild von Bosch
So hüpft und watschelt er über die Felder
Zur Hälfte Vogel und zur Hälfte Frosch.

Kleine Überraschung zu meinem Geburtstag

Das nenn ich „delikat und kühn“
Mitten im Januar schlagen die
Büsche und jungen Bäume aus –
Während die alten natürlich
Lieber noch warten, um sie dann
Je nachdem, wie sich das Wetter
Weiterentwickelt, von oben
Herab mit aufmunterndem Lob
Oder belehrender Weisheit zu
Behelligen.

Vorläufig ignorieren also die
Bemoosten Bäume das auffällig
Leuchtende Grün im dunklen
Grau des Waldes. Selbstredend
Wiegen die hohen Eschen auch
Ihre kahlen Wipfel und wissen
Nicht, was sie sagen sollen.

Zumal es denen so vorkommt
Als ob die da unten ihnen
Einige Hundertmillionen Zungen
Provozierend herausstecken.

Kalter Frühlingsanfang

Die Bäume stecken in der klaren Luft –
In einem Riesen-Eisblock eingefroren.
Sich gegenüber stehen Sonn und Mond
Etwas vergnatzt, mit angelegten Ohren.

Und zwischen ihnen, in dem grünen Eise
Des hohen Himmels – nur ein Punkt, der schwingt
Fast nicht zu sehen, aber gut zu hören:
Die Lerche, die in dieser Kälte singt.

Frühling

Schnell
Schwingen die Schatten um blühende Bäume.
Gelb
Brennen die Wiesen von Löwenzahn.
Leicht
Liegen die Nächte auf den Rücken der Wälder
Wenn wir im Traum durch die Lüfte fahrn.

Bunt
Sind die Sonnen wie Pfauenaugen.
Blau
Schlägt der Himmel sein Rad unterm Lid.
Rot
Läuft der Morgen rund um die Erde
Daß uns die Nacht dem Tag wieder gibt.

Hell
Lodern die Pappeln im Sonnenfeuer.
Wind
Bläst in die Glut deines Haars.
Licht
Blitzt durch Zweige und flirrende Blätter.

Das
Ist die grüne Hochzeit des Jahrs.

Bekenntnis

Die Bäume sind meine besten Freunde
Wir haben uns nie etwas zu verschweigen.
Wir reden oft stundenlang miteinander.
Sie sprechen mit ihren Ästen und Zweigen.

Wir lachen und lassen die Eichhörnchen
Wie lustige Einfälle quer durch uns springen.
Natürlich erlauben wir allen Vögeln
Ohne Bevormundung in uns zu singen.

Ich bin mit den Bäumen im Herbste traurig
Weil uns die Blätter wie Vögel wegfliegen.
Wir stehen rauhreifverkrustet im Winter
Und hoffen gemeinsam, ihm nicht zu erliegen.

Geständnis

Ich klettre gern im Herbst auf Pflaumenbäume
Die man aus Faulheit, oder was weiß ich, vergaß
Und eß mich satt in aller Seelenruhe.
Doch nicht nur das. Es macht mir wirklich Spaß.

Ich stehe dann ein Stück über den Dingen.
Erhaben über mancherlei, macht mich nichts wild.
Gespreizte Kleinheit, die sich groß gebärdet
Sie läßt mich kalt, ja, mein Mund lächelt mild.

Und während ich gemach nach Pflaumen taste
Fährt schon mein Blick in sanften Kurven übers Land –
Ein Bussard, der einmal auf Mäusefleisch verzichtet
Der süße Pflaumen frißt aus meiner freien Hand.

Fast unbeschwert zieht er bald seine Kreise
Rund um die Sonne, die mit ihm am liebsten konspiriert.
Und er kann untertauchen in dem Obergrunde
Auch wenn er ab und an 'nen Pflaumenkern verliert.

Märchen

Eines schönen Mittags ward ich ein Baum und
Hielt meinen wehenden Bart grün in den Wind.
In meinen Leib schnitt ein Liebespaar seine
Buchstaben, und ich erkannte meine Geliebte.
Aber es rührte mich nicht, denn ich war ein
Baum und hielt meinen Bart grün in den Wind.

Eines Nachts ward ich ein Sturm und stolperte .
Über die Dächer der Stadt. In einem Zimmer
Sah ich ein Paar und erkannte meine Geliebte.
Aber es rührte mich nicht, denn ich war ein
Sturm und stolperte über die Dächer der Stadt.

Eines Morgens ward ich ein Meer und trug
Viele Schiffe und Boote. In einem Boot saß
Ein Paar, und ich erkannte meine Geliebte.
Aber es rührte mich nicht, denn ich war ein
Meer und trug viele Schiffe und Boote.

Entspannung

So lässig wie der Reiher durch die Lüfte rudert
Und in dem Spiegelbild des Sees, dem Himmel, schwimmt
So mußt du jeden Tag ein halbes Stündchen fliegen
Dich schaukeln lassen von dem kühlen Abendwind.

Und wenn die Sonne übern Rand des Horizontes
Auf ihrer schiefen Ebene dem Blick entgleitet
So daß die Gegend langsam wegkippt in die Nacht
Dann sink herab, die Flügel reglos ausgebreitet.

Sink auf den Grund der Landschaft, die du überflogst
Indem du deine Arme wie zwei Reiherschwingen hobst
Und bleibe ruhig noch ein Weilchen furchtlos stehn.

Selbst wenn die Finsternis dir bis zum Halse reicht
Um deinen Kopf die Eule wie ein schwarzer Lappen streicht –
Du wirst sie nicht mehr aus der Mäuseperspektive sehn.

Baden im Steinbruch

Das Grundwasser ist eine grüne Scholle Eis
Durch die der Schneidbrenner der Sonne zieht.
Mit einem Hechtsprung flieg ich durch den langen Spalt:
Es zischt das Eis im Feuer und verglüht.

Die Kälte brennt auf meiner wunden Stirn.
Wie Hagelkörner seh ich Luft nach oben fallen.
So schweb ich schwerelos ein Stück dahin
Hör, wenn ich auftauch, noch das Echo schallen.

Ich sonn mich mit der Ringelnatter auf dem Stein.
Die alte Haut geht mir in Fetzen von dem Leib.
Als neuer Mensch kehr ich am späten Abend heim.
Mißtrauisch mustert mich mein allerliebstes Weib.

Sommerorgie

Freudetrunken torkeln die Schmetterlinge über die
Wogenden Felder. Die Grillen vibrieren in ihren
Höchsten Tönen. Huckepack durchsummen die Käfer in
Liegenden Sinuskurven die Luft, und die Lerchen
Drehen ihre quietschenden Spiralen ins Blaue –
Auf denen der Himmel am hellichten Tage die federnde
Göttin Aphrodite liebt, daß sie sich schämen müßte
Wenn sie nicht unsichtbar wäre, denn am Waldrand
Hockt auf der Kiefer der Kauz und knurrt schon über
Die maßlosen Leute sowie deren schamlosen Lustlärm
Den die da andauernd machen, als würden die Nächte
Nicht dafür reichen.

Lied

Still und weiß ein Septembertag
Der warm auf den dunklen Wäldern lag.

Durch Kiefern sahn wir die Sonne gehn
Dann blieb sie lange über uns stehn.

Wie eingegossen ein Fisch auf der Stelle
Das Wasser wie Glas, der See ohne Welle.

Der See mit dem Himmel ausbalanciert
So daß sich der Blick in die Weite verliert.

Die Erde hörte auf, sich zu drehn
Der Wind in den Höhen der Bäume zu wehn.

Ein Milan trieb hinter die Wälder ab
Und weiß sank der Himmel auf uns herab.

Sommerbäume

Gleich schwangren Frauen, die im Gehn verweilen
Lehnen die schweren Bäume an dem Wind.
Sie stehn vor dem Brokat goldblauer Himmel
Wie sie auf Heiligenbildern zu sehen sind.

Unter den Sternen in den kurzen Nächten
Gebären sie den nächsten Sommertag
Daß wohl im Himmel selbst die Muttergottes
Sie um ihr Kind beneiden mag.

Gras

Gras, das wogt wie ein Algenfeld.
Gras, das uns beinah ertrinken läßt.

Gras, das uns im Schleppnetz hält.
Gras, das uns wiegt und in Wolken wächst.

Gras, das sein Grün mit der Sonne mischt.
Gras, das smaragdne Eidechsen zeigt.

Gras, das mit sich selber spricht.
Gras, das mit dem Winde geigt.

Gras, das alt und weise ist.
Gras, das sich im Sand verläuft.

Gras, das wild der Hafer sticht.
Gras, das Licht und Regen säuft.

Gras, das Pan als Fell umhing.
Gras, das Stein und Erde küßt.

Gras, das durch die Zeiten ging.
Gras, das unsre Wiege ist.

Wendepunkt

An solchen Tagen kippt der Sommer in den Herbst.
Die Bäume stehn, ohn daß ein Blatt sich regt.
Ein Amselzwitschern stört die Ruhe und verstummt.
Lau ist die Luft und völlig unbewegt.

An solchen Tagen kippt der Sommer in den Herbst
So lautlos wie der Fisch den Ring im Wasser schlägt.
Wir trinken schweigend eine Flasche Wermut aus.
Wer füllt dem Freund ein Glas, der nicht mehr lebt?

An solchen Tagen kippt der Sommer in den Herbst.
Wenn unser Tabakrauch schon in die Nacht verfliegt
Spürn wir den bitteren Geschmack sehr deutlich
Der, nicht mehr wegzuspüln, uns auf der Zunge liegt.

Oktober oder die Metamorphose einer Verzweiflung

Ich gehe durch den Herbstwald, der
Kämmt mir den Kummer aus dem Kopfe
Damit mein arg geschundnes Herz
Doch noch ein Weilchen weiter klopfe.

Das pocht und pocht und pocht und pocht
Und als der Abend blutrot dämmert
Da ist der Blätterhimmel aus
Blitzblankem Kupfer, fein gehämmert.

Das schmelz ich ein, noch heute nacht
Und wenn der Morgenhimmel kocht
Dann glüht mein Herz rot wie die Sonne
Und pocht und pocht und pocht und pocht.

Böses Abschiedsgedicht

Ich schenk dir einen „Hühnergott“.
(Das ist ein Stein mit einem Loch.)
Da schau mal durch, vielleicht
Siehst du mich gerade noch.

Häng ihn dir um den Hals und gackre
Wenn dich die geilen Gockel treten.
Ich hatte mich verdammt verguckt.
Wie konnt ich nur ein Huhn anbeten.

Herbst 71

In der verhaltnen Wärme, die der Herbst mir gibt
Die bißchen bitter ist und in dem Licht sehr zart
Ein Aquarell in Gelb und Blau, in Braun und Weiß
Spinnt sich Altweibersommer fest in meinem Bart.

Warum auch nicht. Er steht ja bis zum Frühling leer.
Dann nisten erst die frechen Vögel wieder drin.
Inzwischen geh ich so und trag es mit Geduld
Daß ich, wie man sich sagt, etwas versponnen bin.

Eigenartiger Herbsttag

Durch graue und lehmige Wälder dem bunten
Vogel Fasan auf den Fersen. Der schreit und
Schwirrt durch die klappernden Gräten der
Bäume. Schreihals wir wolln dich nicht fressen.
Wir rascheln durch rostiges Laub von Buchen
Und Birken gibt's hier, so wie in Sibirien.
Die Sonne laicht Licht in die Landschaft. Das
Täuscht blauen Frühlingsdunst vor. Der Vogel
Hat kein Vertrauen zu uns. Du Dussel nun halt mal
Den Schnabel! Wir blasen ein Halali auf den
Hallimasch. Was willst du noch mehr? Dann
Verliern wir die Spur und stehen mitten im
Walde auf niedlichem Friedhof ohne Namen und
Nichts, bloß schwarzweiße Kreuze aus Birke.

Fischreiher an der Saale bei Halle

Da steht er bis zum Knie im Schlamm
Der stinkt ihn schon sehr lange an.
Er stiert flußauf und stiert flußab
Und hat das alles gründlich satt.

Die Fische tot, die Frösche tot.
Was frißt ein Fischreiher zur Not?
Wo sieht er für sich etwas Land
Wo ist der Saale heller Strand?

Er fragt sich, was er hier bloß soll
Hat den Kanal gestrichen voll.
Muß er vielleicht noch Ratten reißen
Um sie wie Mäuse zu verspeisen? –

Da hob der Reiher sich empor
Bevor er den Verstand verlor.
Da ist er einfach weggeflogen
Schiß auf den Fluß im hohen Bogen.

Hinterhäuser

Die Häuserreihen sind wie Zuchthausmauern
Die Höfe wie Gefängniszellen ohne Decke
Mit ein paar langen Schritten auszuschreiten
Von einer öden bis zur andern öden Ecke.

Grashalme gelten hier als seltne Blumen
Die blaß und gelb zwischen den Steinen blühen
Während über das abgemessene Stück Himmel
Tauben und Schwalben unbehindert ziehen.

Und ihre Flügel ritzen wie sehr spitze Messer
Ins Herz der Menschen ihre Flugbahn ein
Daß dic vor Sehnsucht still verbluten können
Oder vor Schmerz laut mit den Schwalben schrein.

Saale bei Halle

Windungen des Flusses, eingefeilt
In den Stein mit großer Geduld.

Dicht über dem Wasser zeichnen
Die Schwalben euch nach, wieder und
Wieder.

Und über den Felsen, mit genialerem
Strich, die Möwen und Tauben.

So skizzieren die Vögel die Linien
Sich wandelnder Landschaft.

Die Rabeninsel

Umflossen von säuischen Flüssen
Dem Auswurf der Industrie
Die Sintflut aus Schlamm und Phenolen
Erstickt und vergiftet sie.

Die Bäume am Rande hat lange
Der Tod schon im Würgegriff
Gebrochen die Masten und Rahen
Die Ratten verlassen das Schiff.

Die Krähen und Möwen kreisen
Mit heiserem Geschrei
Über dem Wrack der Insel
Das treibt an mir vorbei.

Und wenn es euch begegnet
An einem trüben Tag
Feixt sich der Teufel ins Fäustchen
Und sagt, daß er euch mag.

Das Ende des Schneemanns

Der Föhn haucht alle Eisblumen vom Fenster.
Der Schneemann schrumpft und wird nicht mehr verehrt.
Verschüttgegangne Wege werden wieder sichtbar.
Die Bäume stehn im Wald wie frisch geteert.

Die Luft, nicht mehr aus Glas, riecht süß und bitter
Und schmeckt nicht sauer wie gefrorenes Metall.
Durch altes Laub spießen die Märzenbecher
Und Kinder spielen ausgelassen mit dem Ball.

Ein scharfer Schuß, der Schneemann sackt zusammen.
Es rollt sein Kopf, es dröhnt sein Büchsenhut.
Die Laube weint aus Mitleid ein paar Tränen.
Tantchen! Der Frühling kommt, das macht uns Mut.

Föhn

Eine Lachmöwe
Wind unter den Achseln
Schleife ich kichernd
Über die Mürbeisflächen
Der Seen

Und kugle mich lachend
Über den Bauch der Wälder
Daß sie einstimmen
In mein Gelächter
Wider die Anmaßung
Des Winters.

Frühlings-Choral

Das Licht bricht durch die Wolken
Und fällt euch auf die Schädel
Nachdem ihr lange krochet
Durch Finsternis und Nebel.

Da stehet ihr und staunet
Und eure Augen schmerzen.
Es scheint der Tag so helle
Als brennten tausend Kerzen.

War alles Licht gelöschet
Pfiff eine grimme Kält
So schwer der dunkle Himmel
Als wie ein Grabgewölb.

Nun geht dem Licht entgegen
Und nehmet eure Hände
Von dem Gesicht und sehet:
Der Winter hat ein Ende.

Unruhige Zeiten

Ernüchterung

Es wird zu viel und zu schön geredet und zu
Wenig gesagt.

Ich könnte auch hübsche Bilder ausmalen
Zum Beispiel wie ein rauschender Wald brandet
Am Strand eines Kornfeldes oder wie der Wind
Strömt durch eine lässig aus dem Zugfenster
Gehaltene Hand oder wie sich eine Frau mit
Geschlossenen Augen der himmlischen Sommernacht
Hingibt.

Aber
Es reicht nicht ganz aus, sich bloß in die Natur
Oder in ein Weib einzufühlen, die Verheißungen
Der Biologie und die Nuancen der Abendröte auszu-
Kosten wie ein kultivierter Weintrinker.

Da hinterm Horizont säuft jemand schrecklich
Viel Blut. Stoßt nicht aus Versehen mit ihm an.

Paßt auf, daß niemand die Gläser vertauscht oder
Heimlich Blut in den Rotwein mischt.

Kriegselegie

Ach, als die Gulaschkanone, die letzte im Troß
Ein Loch hatte, ein kleines, ein erbsengroßes
Und die Soldaten weit in den Wald zogen wie
Hänsel und Gretel, ohne daß sie es merkten
Schlichen die Feinde ihnen nach, heimtückisch
Erbse für Erbse.

Der hungrige Abend hing in die Sandpapiermägen
Da brüllten die Männer, knirschenden Dreck
Zwischen den Zähnen, wie ein vielköpfiges Tier
In den fahrbaren Topf, der so leer war und groß
Daß es dröhnte vor Zorn, und entdeckten den Schaden
Das poplige Loch.

Die Landsknechte fluchten und kränkten den schuldlosen
Topf mit Worten wie Scheißpott und anderen mehr
Bis er heulte und platzte vor Wut, daß es krachte
Und jeder bekam ein Stück Eisen direkt in die Fresse
Oder gleich in den Magen, den Dünndarm, den Dickdarm
So wie es sich traf.

Verteidigung Gottes 1965

Während des Auschwitz-Prozesses spricht sich ein Rundfunkkommentator für milde Urteile aus und vertröstet auf die endgültige Urteilsfindung Gottes.

Sein Leumund ist schlecht.
Aber
Gott ist kein Schlagtot, kein Blutsauf
Keine gütig gurgelnde Gosse
In euerm Schlachthof
Gott ist
        nicht.

Weint:
Wohin mit dem Blut an den Händen?
Wohin mit dem Blut an der Fahne?
Wohin mit dem Blut an den Hemdbrüsten!

Laßt eure Kirchenorgeln an!
Dreht eure Tränenduschen auf!
(Eine Träne pro Jude genügt)

Das
Wischt euch kein Gott weg.

Alptraum

Mumien, die sich des Nachts erheben
Die spinnensteif Gedanken weben
Die unter teutschem Vollmond staken
Und Hexen nach der Wahrheit fragen:

Ob Preußens große Reiterei . . .
Ob das getreue Militär . . .
Ob die geheime Polizei . . .
Ob auch die ganze Feuerwehr . . .
Ob man sich sicher ist der Macht
Ob man ein Volk zu führn versteht
Ob Teutschland wieder mal erwacht
Ob es den Hirnscheißern vergeht
Ob noch der Kommißstiefel knarrt
Ob noch die Barrasfresse schnarrt
Ob noch die Gulaschesse raucht
Ob man der Auferstehung harrt
Ob man noch starke Männer braucht
Ob noch die alten Fahnen wehn
Ob man schon größre Bomben baut
Ob noch die Krematorien stehn
Ob man noch brav auf Gott vertraut?

Vision

Ein Krähenschwarm hängt in dem Abendhimmel
Und unter ihm drehn sich die Städte weg
Winden sich Flüsse erdgekrümmter Länder.
Er selber rührt sich kaum von seinem Fleck.

Nur manchmal sinkt er auf die Erde nieder
Und frißt sich einen Tag an Leichen satt.
Dann hebt er sich in feuerrote Wolken
Und steht bald wieder über unsrer Stadt.

Ein Krähenschwarm hängt in dem Abendhimmel
Und unter ihm drehn sich die Städte weg
Winden sich Flüsse erdgekrümmter Länder.
Er selber rührt sich kaum von seinem Fleck.

Elegie

Nach Kälte groß und Bränden
Geht mancher mit den Händen
Ist auf den Kopf gestellt.
Ein Gummi um das Kinn
Sorgt, daß der Hut nicht fällt.

Nach Kälte groß und Bränden
Geht mancher ohne Hut
Weil er den Kopf, den lieben
Unter die Jacke tut.

Da muß ich weinen, lachen
Doch es versteht mich keiner
Im Land der falschen Lacher
Im Land der falschen Weiner.

Der Dunkelmunkel

Der Dunkelmunkel, ja, gewiß
Ernährt sich von der Finsternis.

Bei Neumond, wenn nicht Sterne funkeln
Weil Wolken deren Licht verdunkeln
So daß es doppelt finster ist –
Dann lebt er auf und frißt und frißt.

Man hört ihn schmatzen, knacken, rumpeln
Er frißt sich dick und dumm im Dunkeln
Verschlingt all das, was schwarz aussieht
Und macht da keinen Unterschied.

Sein Großhirn ist recht klein und faul
Das größte an ihm ist das Maul
Und da ihm nie ein Lichtlein schimmert
Sind seine Augen auch verkümmert.

Er frißt sich blindlings durch die Nacht.
Erst wenn der Morgen jäh erwacht
Ein Hahn kräht oder Vogel singt
Ein Mensch aus seinem Bette springt –

Verschlingt der Dunkelmunkel schnell
Sich umgekrempelt auf der Stell.
Ein Zahn nur bleibt als Saatkorn liegen
Und der kann wieder Junge kriegen

Woraus sich, wenn auch so zerstückelt
Der Dunkelmunkel neu entwickelt.

Einfache Schlußfolgerungen

Wer die Wahrheit unterdrückt
Fürchtet sie.

Wer die Lüge propagiert
Braucht sie.

Wer die Wahrheit unterdrückt
Und die Lüge propagiert

Wird von der Lüge ausgehöhlt und
Von der Wahrheit erdrückt werden.

Vorauszuberechnende Phasen einer Bewegung

I
Die tiefe Verbeugung in bewährter
Subalternität mit hündischem Augenaufschlag.

II
Der kräftige Tritt aus unerwarteter Richtung
In den hingehaltenen Hintern.

III
Das ungewollte Stolpern voran, das Fallen
Das Kriechen auf allen vieren.

IV
Die Mitleid erheischende Unterlegenheitsgeste
Beschrieben von der Veterinär-Psychologie.

Installation einer Zeitbombe

Wen der heiße Dampf stört
Bei dem brodelnden Kessel
Der tue einen Deckel drauf.

Wem der Deckel zu laut klappert
Auf dem brodelnden Kessel
Der schraube ihn einfach fest.

Wer endlich seine Ruhe haben will
Der hat sie nun für ein Weilchen.

Todkranke Gesellschaft

In ihren ‘Organen’
Einem Krebsgeschwür gleich
Wuchert die Lüge.

Wo ansetzen mit einem
Chirurgischen Eingriff?
Überall Metatasen und
Verpaßt der letztmögliche
Zeitpunkt.

Eindeutig die Diagnose wider
Besseres Wissen: Gutmütige
Geschwülste, lügen die Ärzte.

Abwarten und Tee trinken, sagen
Die Philosophen.

Alles entwickelt sich, meinen
Die Gesellschaftswissenschaftler.

Amen, sagen die Theologen.

Unruhige Zeiten

Um die Stärke der Erdbeben zu verheimlichen
Werden die Seismographen arretiert.

Das erschüttert natürlich die Erdbeben
Nicht im geringsten. Nun werden sie bloß
Nicht mehr klingeln oder anklopfen

Sondern gleich mit der Tür ins Haus fallen.

Tropischer Traum mitten im Winter

Mit dem Buschmesser schlagen wir uns durch
Den Dschungel.

In unseren Ohren schrillt das Gekreische der
Papageien und das Gekeife der Affen.

Unter unseren Schuhsohlen knacken die
Chitin-Panzer der Skorpione und die Schädel
Der Giftschlangen.

Langsam lichtet sich das Geschlinge und
Begreift, daß wir es ernst meinen.

Denkmal 1989

Da steht's vor Schreck erstarrt.
Wer hat nun wen genarrt
Halb ein-, halb aufgerollt
So komisch nicht gewollt
Ko-, ko-, ko-, kolossal
Ü - berdimensional:

Das Fahnenmonument
Gegossen aus Zement
Grau weder noch verblichen
Knallblutrot angestrichen.
Der Volksmund ohne Gnade
Nennt es Betonroulade.

Panik im Olymp
Sisyphos erprobt sich als Prometheus

Sisyphos hat es satt, den Stein zu rollen
Bergan. Liegen läßt er ihn, wo er liegt.
Freihändig und leichten Fußes steigt er
Empor. Schon nach den ersten Schritten
Vernimmt er hinter sich ein obszönes
Schmatzen und lacht über die dreckigen
Laute, mit denen der Sumpf den Stein frißt
Und verschluckt. Wohl bekomm's, alte Sau!

Auf dem Gipfel glotzen die Götter ungläubig
Aus den Wolken beziehungsweise der Wäsche.
Einen zieht er sanft an sich am Schlipse
Und haut mit der Linken hart einen Haken
In dessen Visage, daß der wirklich nicht weiß
Wie ihm geschieht und kollert, holterdiepolter
Kopfüber den Hang hinunter, den steilen
Bis er verschwindet an Stelle des Steines.

Also Götterspeise als Nachtisch, damit der
Stein dem Sumpf nicht in dem Magen liegt
Wie ein Stein! lacht Sisyphos hinterher und
Geht seines Weges nun sehr unbeirrt
Quer durch die rasch sich verflüchtigende
Heerschar der Götter, der die Berge ein
Doppelt und dreifaches Echo nachwerfen, als
Lösten donnernd sich überall die Lawinen.

Sturm

Das Maul meines Zimmers
Faucht in die Nacht.

Das Zirkuszelt Himmel zerreißt.

Hin flieg ich
Schluck schwarze Luft
Schrei Feuer
Und bin kein Clown.

Unter den Sternen
Rasen die Wolken.

Unter den Wolken
Brüllen die Wälder.

Unter den Wäldern
Lachen die Toten.

Das traurige Leben der Hampelmänner

Verhaltensforschung beim Hausschwein

Das Alpha-Schwein ist am dümmsten und stärksten
Es frißt am meisten und beißt am ärgsten.

Das Alpha-Schwein ist der Chef im Stalle
Vor ihm kuschen die feigen Schweine alle .

Das Alpha-Schwein ist das größte Schwein
Es legt sich längs in den Futtertrog rein.

Da müssen die anderen warten mit dem Essen
Bis es gebadet hat und gefressen.

Das Alpha-Schwein scheißt auf die
Wie auch immer genannte Demokratie.

Porträt eines zynischen Fressers

Ein großes Auge ist sein Mund.
Die Erde ist kartoffelrund.
Die Hühner haben zartes Fleisch.
Die Weiber sind am Busen weich.

Gesättigt zieht er ein paar Fratzen.
Er schläft gesünder als ein Vieh.
Hält eine Frau zwischen den Tatzen
Glaubt nicht an sich und nicht an sie.

Und wacht er auf mit schwarzem Gähnen
Springt er auf sie und reitet fort.
Im Winde fliegen ihre Mähnen.
Dann steigt er ab, geht zum Abort.

Ungehaltene Tischrede

Merken Sie gar nichts, oder tun Sie nur so?
Schmeckt's?

Sie haben alle sehr ungeniert den falschen
Platz eingenommen und tafeln so gesittet mit
Messer und Gabel.

Da die Teller und Bestecke offenbar nicht
Für alle reichen, essen andere anderswo
Mit Plastelöffeln aus Plasteschüsseln.

Spüren Sie denn nicht wenigstens, meine
Damen und Herren, wie gefährlich Sie leben?

Sie könnten sich ja jederzeit die Pulsadern
Aufschneiden!

Nun, werden Sie nicht nervös und bekleckern
Sie sich nicht mit Bratensoße. Verschlucken Sie
Sich nicht. Fangen Sie nicht gleich an zu bellen.

Es sagt doch überhaupt niemand etwas; denn
Hunde soll man beim Fressen nicht stören.

Das traurige Leben der Hampelmänner

Froh schaun die Hampelmänner drein.
Ach aber ach, wie trügt der Schein.
Gewaltig durch den Wolf gekurbelt
Wurde ihr Rückgrat ganz entknorpelt.

Verrenkt die Glieder und geschunden
Notdürftig nur zusamm'gebunden
Vermögen sie sich bloß zu regen
Mit Hilfe von Bindfäden

Das heißt, wenn andere es wollen
Daß sie ein Weilchen hampeln sollen.
Doch haben sie mal deren Segen
Freun sie sich zappelnd, daß sie leben.

A. H.

Er konnte
Seinen Willen „einschalten“
Und einen Arm
Zwei Stunden lang
Schräg in den Himmel halten
(sehr schräg, fast steil)

Da
Staunten nicht wenige
Und schrien hurra
Und zickezacke, zickezacke
Heil, heil, heil!

Und die Männer sangen
Vom schwarzbraunen Haselnußmädel
Und der „Willensmensch“
Preßte etwas
Aus seinem Schallblasenschädel
Daß ihm die Worte
Wie Schwimmhäute
Zwischen den Fingern klebten
Und die Brüste der
Frauenschaften bebten.

Die waren nicht zimperlich
Und hielten nicht wenig
Von ihrem Froschkönig.
Endlich ein Mann, der reden kann
Und sein Volk hub wie er zu
Quaken an.

Stille Zwiesprache
mit dem Spiegelbild eines alten Herrn,
der beim Militär mal was war

Wie sich das anglotzt
Schußfest und gottesfürchtig.

Alter, dein Gesichtsleder
Hat standgehalten
Hat die Metamorphosen der Macht
Heil überdauert.

Durch diese Haut drang kein Geschoß.
Durch diese Haut sickerte kein Schrei.

Die deutschen Häute sind die besten.

Porträt eines feigen Mannes mit schlechtem Gewissen

Sein unruhiger Blick hat Angst, von jedem
Gegenstand durchschaut zu werden. Am liebsten
Würde er die Augen schließen. Doch dann könnte
Ihm jemand unverhofft eine Ohrfeige geben, daß
Er sie wieder aufreißen müßte. So bleibt ihm
Nur ein nervöses Blinzeln, hinter dem die
Pupillen haltlos herumrutschen. Manchmal schielen
Sie sogar, als würde ein Auge dem andern mißtrauen
Oder fürchten, den Blick des andern Auges zu
Erhaschen, und dann müßte sich der Mann selber
Anspucken. Aber das kann niemand von ihm verlangen.

Selbst wenn er müde ist und mit offenen Augen und
Angelegten Ohren schläft, sieht er immer noch aus
Wie ein Kaninchen mit Schlips und Kragen . Jetzt
Könnte ein Schrotflintenschuß in die Luft ihn töten.

Wahrscheinlich genügte auch schon ein kräftiger Furz.

Besingung eines Spaltungsirren

Einmal liebt er sich gar sehr
Einmal 'unse Menschen'
Deshalb bringen wir für ihn
Hier ein kleines Ständchen.

Nein, was leidet er dabei
Fühlt sich so zerrissen.
Ob die Menschen es ihm wohl
Mal zu danken wissen?
Einmal ist Herr Müller klein
Einmal hoch zu Rosse.
Einmal ist Herr Müller Mensch
Einmal ganz Genosse.

Und Genosse-Müller-Mensch
Wird nicht wieder heile
Ist wie mitten durchgehackt
In seine zwei Teile
Findt sich selber nicht mehr raus
Und muß täglich proben:
Pinkebank, wo wohnt der Schrank
Unten oder oben?

Wenn man ihn so klagen hört
Ihn und all die seinen
Sollte man schnell Zwiebeln schälen
Um gleich mit zu weinen.

Grobe Grabrede

Eckensteher, Kneipenspitzel
Rechtsverdreher, Schweineschnitzel
Kunstbanause, Hitlerjunge
Hierzuhause, Hurra-Lunge
Rottenrüde, Zeitungsschmierer
Cliquentüte, Staatssektierer
Astlochficker, Seinesgleichen
Schmiergeldpicker, Glotzabzeichen
Stiefeltrampel, Mitmarschierer
Keilarschhampel, Volksanführer
Aderlasser, Knickerbocker
Judenhasser, Rechtsaufhocker
Blasenschläger, Winderzeuger
Nichtsbeweger, Kultentstäuber
Machtanbeter, Nachtummummter
Leisetreter, Siegumsummter
Schmidtchenschleicher, Strichgeldknabe
Schleimspurseicher, Kakerlake
Lackschuhsenkel, Beischlafwanze
Stanzenstempel, Stempelstanze
Gockelputer, Buntkrawatte
Filzlausbruder, Gullyratte
Leumundslauscher, Furzentschlüßler
Lügentauscher, Pißpottschnüffler
Ehrenrichter, Frühreifrentner
Scheidungsstifter, Wahrheitsschänder
Altbekannter, Weggekippter
Hirnverbrannter, Zugeschippter

Unsverbetner, Festgetretner.

Der böse Blick

Köpfe gibt es, die sind so rund und
Rindsledern wie ein Fußball oder so
Unübersehbar wie ein Riesenbovist.

Kürzlich fixierte mich sehr verbissen
Eine mutierte Kartoffel von der Größe
Eines Wasserkopfes mit ihrem
Einzigen Auge.

Sie fühlte sich als König unter den
Blinden und machte mir gegenüber kein
Hehl aus ihrem Haß.

Streit

Zu Floskeln geworden die Wörter, zur lieben
An- oder Abrede in Briefen, zu ödem Geschwätz
Das seine egozentrische Gleichgültigkeit nur
Notdürftig kaschiert.

Darauf trinken wir einen. Darauf trinken wir
Einen Doppelten. Darauf trinken wir einige
Doppelte. Und das reicht schon. Weggeschwemmt
Sind die hohlen Worte, der freundliche Kitt.

Da brechen wir ein. Da knackt die dünne Eisschicht
Der Höflichkeit. Da schlagen wir wild um uns.
Da kriechen wir schnell nach entgegengesetzten
Seiten an Land.

Nun verschließt einer seine Tür. Nun ersäuft
Einer im Schnaps. Nun versucht einer vergeblich
Sich selbst aus der Welt zu schaffen. Nun
Bekommt eine Migräne. Nun läßt sich einer trösten
Von irgendeiner. Nun werden wir erst wieder
Nach dem Katzenjammer nett zueinander.

Nun stoßen wir fröhlich an auf ein Neues.

Kleinbürgeridyll

Die Kleinbürger und die niedlichen Gartenzwerge
Lebten friedlich beisammen auf einem Berge.

Und dort verkündeten sie lang und breit:
Wir befinden uns hier auf dem Gipfel der Zeit.

Die Gartenzwerge wurden täglich gegossen
So daß sie schnell in die Höhe schossen

Bis sie, potz Daus, in einigen Jahren
So groß wie die Kleinbürger selber waren.

Da sind sie froh aus den Beeten getanzt
Und haben die Kleinbürger eingepflanzt.

Warum beißen den letzten die Hunde

Warum beißen den letzten die Hunde?
Warum ist er denn ausgerissen?
Weshalb ist er nicht stehen geblieben
Und hat zuerst zugebissen?

Er hatte Rhabarberkompott gegessen
Und stumpfe Zähne bekommen.
Deshalb hat er es mit der Meute
Lieber nicht aufgenommen.

Warum hat ihm niemand geholfen?
Wie kam es, daß sie ihn vergaßen
Als ihn die bissigen Hunde
Von allen Seiten anfraßen?

Ihre Haut war ihnen am nächsten
Ihr Herze tat ihnen so klopfen.
Auch wollten sie den Hunden
Die Mäuler einmal stopfen.

Hymne auf die Marktwirtschaftler

Nun legen sie als eingeschriebene Vereinsmeier
Ihre nicht ganz sauberen (beschissenen) goldenen Eier
Selbstredend und zeitgemäß äußerst gemeinnützig
(Wenn auch wie eh und je in erster Linie für sich)
Mildtätig, denn es sind noch genügend vorrätig
Nicht zuletzt bei den neugegründeten Gesellschaften
Wo in altbewährten/verschworenen Seilschaften
Die Kameraden/Genossen mit beschränkter Haftung
Ungeachtet (Schwamm drüber) ihrer persönlichen
Vorbelastung
Karrierebewußt und durchaus nicht ohne patriotische
Ambition
Also die Führungskader/kräfte der wiedervereinten Nation
Die Leiter von Fortbildungszentren/Parteischulen
Kurzum die Fleißigen/Tüchtigen/Wendigen/Cleveren/
Coolen
Deutschen sich abstrampeln und, weiß Gott, mehr als
bemühen
Am eigenen Schopf aus dem eigenen Sumpf sich zu
ziehen.

Über die Würde

Tagtraum während der Kammwanderung mit einer kleinbürgerlichen Reisegesellschaft

Ich sitze gut im harten Sattel des Gebirges
Und stoße Pegasus die Sporen in die Flanken.
Die Täler links und rechts sind seine beiden Flügel.
Ein Flügelschlag nur – und die Horizonte wanken.
Wir schweben zum Geschrei der Leutchen in den Wolken
Denn das kann niemand mehr verantworten oder
begrüßen
Wenn wir nun einfach irgendeinen Schlagbaum
überflögen –
Mit dem Spazierstock könnte keiner nach uns schießen.

Wir lassen Pferdeäpfel auf die kleinen Köpfe fallen.
Die schlagen ein wie Bomben in die Hysterie.
Die Meute schäumt vor Wut und kläfft aus allen Mäulern
Schilt mich ein Schwein und Pegasus ein Schweinevieh.
Wir lachen lauthals ein recht zügelloses Lachen
Das rollt wie Donner hin und her zwischen den Bergen.
Mit einem zweiten Flügelschlag steigen wir höher
Großzügig wink ich noch einmal den bösen Zwergen.

Grauer Tag

Die Himmelshalbkugel aus Blei trag ich
Auf meinen Schultern und hab nichts zu lachen
Das wär selbst von dem Kraft-Max Herkules
Nicht einfach wie ein Kunststück nachzumachen.

Und dabei bin ich wahrlich nur ein Mensch
Und nicht irgendein Gott oder ein Riese.
Wenn ihr auch weiterhin bloß blöde glotzt
Schmeiß ich euch diesen Himmel vor die Füße.

Credo

Ich, ungetauft und parteilos, dessen Konfession
Keinem Amtspapier zu entnehmen ist und sogar den
Leumundsermittlern gewisse Rätsel aufgibt, ich
Liebe die Stille der Kirchen, das Licht, das durch
Hohe und schmale Fenster so gebündelt in die
Ruhe des Raums fällt, daß plötzlich die Zeit zu
Schwingen beginnt und die vorangegangnen Geschlechter
Zu uns sprechen, zum Beispiel in einer Fuge von Bach
Oder mit den Worten des Propheten Jesajas aus dem
Zerknitterten Munde eines uralten Weibes:

Du sollst zu ihnen gehen und ihnen sagen, daß sie
Ihr Leben ändern sollen. Sie hören oder hören nicht.
Hören sie, so werden sie ihr Leben erretten.

Schweigst du aber, so werden sie zwar umkommen, aber
Ihr Blut auf dich. Sprichst du aber und hören sie nicht
So kommen sie zwar auch um, aber du wirst dein Leben
Erretten. Ich weiß, ich sende dich unter ein Volk
Mit harten Ohren und harten Herzen.

Über die Würde

Wie sich ein Mann des Wortes zu verhalten habe
Wenn er, was menschlich sei, einmal in Zorn gerät:
Belehrend spricht ein Dichter auf mich ein: Ich sage
Sagt er, so, daß es sich mit der Würde noch verträgt.

Und was sich mit der Würde nicht vertragen würde
Sei Schimpfen. – Am besten wäre kaltes Schulterzeigen.
Der edle Dichter schleppt geduldig seine Bürde
Macht Kunst seit eh und je aus sublimiertem Leiden.

Weshalb, o Freund, mag ich wohl diese Verse schreiben?
Du sprachst so weise wie mein Urahn von der Sache
Magister Franz betrieb bei Bautzen eine Pfarre.

Du kehrst mein Schimpfen um zu einer bösen Lache.
Doch laß uns Freunde und bei dieser Wahrheit bleiben:
Unter des Dichters Würde ist's zu schweigen.

Eulenspiegel

Ich kenne mich aus in mancherlei Kniffen.
Ich kann wie ein Specht einen Holzkopf behacken.
Ich kann sehr genau in ein Mauseloch schiffen.
Ich kann einem Herrn in den Filzhut kacken.

Ich kann mit den Zähnen Steine zerbrechen.
Ich kann euch den Splitt in die Fresse spein.
Ich kann mich auf den Kopf stelln
und durch den Arsch mit euch sprechen.
Ich kann euch unverständlich sein.

Ich kann eine Kirchuhr im Rucksack tragen.
Ich kann den Hexen die Wahrheit sagen.
Ich kann einen Hund mit 'nem Gong erschlagen.
Ich kann ganz naiv nach der Uhrzeit fragen.

Unbeabsichtigte Ähnlichkeiten

Komisch, daß sich in meinen Märchen meist einige Hexen und Zwerge wiedererkennen. Dann werden sie Immer so böse wie Rumpelstilzchen und noch viel Böser, wenn ich über sie lache, am bösesten aber Wenn sie bemerken, daß all ihr fauler Zauber nicht Anschlägt, daß ich mich gar nicht verwandele in einen Stein, einen Baum, ein Tier oder ein Staubkorn. Am Ende bekommen sie schreckliche Angst und denken: Da Stimmt etwas nicht. Der ist mit dem Bösen im Bunde.

b. b.
nach einer Karikatur von Sandberg

Auf Bertolt Brechts Zigarre tanzen
Die Kritiker so klein wie Wanzen
Und während die Zigarre glüht
Erahnen sie, was ihnen blüht.

Bevor sie in der Glut verbrennen
Wolln sie ihm ins Gesichte rennen.
Da kennen sie den Meister schlecht.
Im Schaukelstuhl sitzt Bertolt Brecht.

Der denkt an einen, den sie fraßen –
Wird ihnen Rauch entgegen blasen.
Dann hat er die Insekten satt
Und streift sie mit der Asche ab.

Chaplin

Die lieben Leute bringe ich zum Lachen
Und wenn sie lachen, fürcht ich ihr Gebiß.
Mit dem Spazierstock zähl ich ihre Zähne.
Da kriegt ihr Lachen unvermittelt einen Riß.

Sie schnappen zu und werden schrecklich böse
In dem Moment, wo es in ihnen denkt:
Der ist kein Narr, der macht gar keine Späße.
Die Welt ist komisch, und wir sind beschränkt.

Ich halt sie mit dem Stock noch auf Distanz.
Die würden mich samt Hut und Schuhen fressen.
Ich zeige ihnen einen Vogel an dem Himmel
Und laß sie mich fürn Augenblick vergessen.

Der Maler

Als uns die Zunge schon etwas schwer wurde vom
Pflaumenschnaps, aber unser Verstand eigentümlich
Leicht und klar über der Landschaft schwebte, die
Sich wie wir von der Septembersonne bescheinen ließ
Gestand mir der Maler, womit „diese dummen Maler"
Nicht fertig würden ihr Leben lang:

Daß die Sonne jeden Tag aufgehe, über den Himmel zöge
Die unendliche Vielfalt der Formen und Dinge mit den
Unendlichen Variationen des Lichts und der Farben
Multipliziere, und daß dies zu sehen geschweige zu
Malen und abermals mit der Unendlichkeit der eigenen
Seele zu multiplizieren, ein Leben zu kurz sei.

Denn wer könne die Unendlichkeit in der dritten Potenz
Noch begreifen?

Villon

In dem schwarzen, hundekalten Himmel
Pfeif ich auf das blaue Sterngewimmel
Auf den Sabbereifer falscher Weltpropheten
Auf das blöde Blaken der Planeten
Auf die Spitzel hinter meinem Arsche
Auf des Herrgotts Weihnachtsmannvisage
Und auf alle, die in gut gestopften Strümpfen
Über mich den ehrenwerten Rüssel rümpfen.

Wenn ich irgendwann im Schnee verrecke
Und aus Taktgefühl mich ein für allemal verstecke
Seh ich im Delirium bestimmt nicht lauter Mäuse
Sondern ein Heer gestiefelt und gespornter Läuse.

Einige Wodkalieder des Verseschreibers Sandelbaum, der aus noch ungeklärten Gründen der Melancholie und dem Alkohol verfiel und im Delirium starb

I

Als Sandelbaum wahrscheinlich schon nicht mehr ganz richtig im Kopf war, sagte er immer:

Ich sehe eigenartige Leute
Die lüften anstatt des Huts die Gesichter
Und sagen guten Tag
Und zeigen mir ihre nackten Fressen
Die ich gar nicht mag.

Da ziehe ich aber
Meinen Chaplinhut über die Ohren
Und mache mich ganz klein
Und sage: Ich werde erst morgen geboren.
Das muß eine Verwechslung sein.

II

Winters, wenn Sandelbaum betrunken war (und das war er fast immer, nicht bloß im Winter), sang er im Park:

Ach, Schnee liegt allüberall.
Die Schwäne schlafen im Stall.
Die Krähen wachen im Baum.
Das Wasser träumt eisgrauen Traum.

Ein Boot ruht versteinert am Pflock.
Ein Greis kommt gegangen am Stock.
Der Stock ist aus Eisen und Rost.
Der Greis ist das Väterchen Frost.

Die Schnauze bereift und behaart.
Der Rotz läuft ihm in den Bart.
He, kommst du zu uns auf Besuch?
Ich schenk dir mein Taschentuch.

Da will doch der Alte mich haun.
Da pfeift er die Krähen vom Baum.
Da soll ich gefrieren zu Eis.
Da werden zwei Haare mir weiß.

III
Auf einem Bierdeckel hinterließ Sandelbaum folgendes Gedicht:

Für zwei Groschen in die Tasche
Musik machen
Auf einer leeren Wodkaflasche.

Auf der Überlandleitung balancieren
Und die Krähen
Mit scharfem Blick füsilieren.

Fünfzig Meter in die Luft hoch springen
Und ein lustiges Wanderlied singen.

Ein Streichholz halten vor den Rachen
Und Feuer speien wie ein Drachen.

IV

Das letzte Lied Sandelbaums, das entstanden sein soll, als sich sein Geist schon so verdunkelt hatte, daß er das Lachen eines Spechtes für das Rufen einer Kuckucksuhr hielt:

Über dem schwarzen Fluß
Hinter dem schwarzen Wald
Lacht ein schwarzer Specht.

Lachet schlecht und recht.

Wiehert bis elf
Wiehert bis zwölf.

Guck auf die Uhr!

Geht sie nach?
Geht sie vor?

Schlechter Traum

Stinkend nach Huren und Spelunken
Lag ich im Grabe, totgetrunken.

Die Würmer, die auf mich getroffen
Waren von mir bald ganz besoffen.

Sie legten ihre Arbeit nieder
Und sangen meine Wodkalieder.

Da beschwerten sich aber die anständigen Leichen
Beim Friedhofswärter und dergleichen.

Und nun hielten mich alle Beamten
Für einen verdammten Simulanten.

Konspirative Maßnahmen im Dienste der Staatssicherheit gegen die Poesie

I
Stopft ihr endlich das Maul, egal wie
Hetzt die hörigsten Hunde auf sie!

II
Im Hickhack der Cliquen, im Clinch der Parteien
Zerfleischen, verreißen, zersetzen, entzweien!

III
Im Kampf der Geschlechter intim infizieren
Mit den läufigsten 'Julias' und 'Romeos' anschmieren!

IV
Die fickende Ziege, der bumsende Bock
Als progressiv paralysierender Schock!

V
Das Therapieren mit falschen Mitteln
Praktiziert von Kämpfern in weißen Kitteln!

VI
Am Auto basteln, voll Drogen pumpen
Verwandeln in einen blutigen Klumpen!

VII
Doch vergeßt bei allen Maßnahmen nie
Die Operative Psychologie!

Reflexion

Mit meinem wundgerauchten Rachen
Schlucke ich große Bitterkeit.
Ich höre euer blödes Lachen
Das ihr mir in die Ohren schreit.

Wo, 'Freunde', sind sie hingeraten
Die Ideale unsrer Zeit?
Die habt ihr einfach so verbraten
Und grinst euch nun die Fressen breit.

Schwenkend im Händchen hohe Gagen
Spielt ihr den 'Sozialismus' fein.
Ich schau durch euere Visagen
Und spuck aus Ekel bloß nicht 'rein.

Attila József

Bäume, im Scheewind erstarrt
Auf der Straße verhungert, ein Hund
Und Menschen hypnotisiert
Vom speckweißen Mond ohne Mund.
Vom Mond, dem Guckloche Gottes
Dem Glotzaug, dem feisten Spion.
Dahinter der trottlige Alte –
Und unten verraten sein Sohn.

Den läßt er nicht aus dem Auge.
Der ist noch nicht krepiert.
Der hat sich gegen den Herrn
Respektlos aufgeführt.
Den Schnee, den soll er fressen
Den soll er fressen mit Lust
Und wenn er dran gestorben ist
Nimmt ihn der Herr zur Brust.

Und wenn er nicht gestorben ist
Haut er den Herren klein
Macht er ein warmes Feuerchen
Mit seinem Thron und Gebein.

Komplizierte Kommunikation

Wie sich die Briefe kreuzen
Ohne sich zu begegnen
Kreuzen oder schneiden
Sich die Menschen.

Rohrpost, die aneinander
Vorbeirutscht, nicht gerade
Anonym, aber lieber ohne
Absender.

Selbst das Prinzip der
Kommunizierenden Röhren ist
Außer Kraft gesetzt.

Gefälle verharren vorsichtig
In Hab-acht-Stellung.

Denn durch die Astlöcher
Vom Brett vorm Kopf
Schielen die Spitzel.

Holzauge sei wachsam, auch
Mit beschränktem Blickwinkel.

Wie eine Gemeindeschwester den verunglückten Pegasus tröstete

Na, nun bist du schwach und krank.
Ja, man soll nicht Gott versuchen.
Häng die Flügel in den Schrank.
Iß ein Stückchen Zuckerkuchen.

Solltest unter flachen Himmeln
Nur noch durch die Blumen sprechen
Mit den Blütenglocken bimmeln
Und das Stroh der Landschaft dreschen.

Pars pro toto, klug gesungen
Hat noch immer wohl geklungen.

Horch, was schlägt die Sonnenuhr? –
Ach, mein lieber Pegasus
Mach dir einen Heuaufguß
Aus dem Grünzeug der Natur.

Lakonischer Traum

Um meinen Schreibtisch huschten
Vier Ratten und
Lenkten mich ab.

Da hob ich ihn mahrmals an und
Wuchtete sie tot.

Als unter jedem Schreibtischbein
Eine lag, stand er wieder
Fest auf dem Boden.

Ich brannte mir eine Zigarre an
Und setzte meine Arbeit fort.

Stimmen

Seid friedlich
Die Kunst wird niedlich.

Es lebe die leichte Muse
Die schmierige alte Suse.

Wo wir uns finden
Wohl unter Tinten.

Der Amtsschimmel wiehrt
Daß dem Pegasus friert.

Die Spießer gedeihen
Wie die Morcheln im Maien

Die „Meistersinger“ und die „Minnesänger“

Metaphern zuhauf im Wortausverkauf:
Zu Sträußen gebunden, in Klumpen gefunden
Auf Wiesen gebrochen, wie Spinat gestochen
Zu Liedern gewunden in fleißigen Stunden
Aus Beeten gerissen, in Säle geschmissen.

Vom Himmel gelogen, zur Erde gebogen
Vom Geiste geadelt, ins Blaue gestapelt
Zur Kunst stilisiert, von niemand kapiert
Die Wahrheit versiegelt, den Affen gespiegelt
Verklemmt und verschlüsselt, von Hunden beschnüffelt.

Wie Piepmatz gehalten zur Freude der Alten
Mit Zucker gefüttert, vom Käfig vergittert
Den Burgherrn besungen mit Blasebalglungen
Das Antlitz errötet, den Fräuleins geflötet
Kastriert und gerupft die Harfe gezupft.

Kurzbiographie

Ich sah
Aus aufgeklappten Mäulern
Große Worte steigen
Die nicht ein Rinderbrülln lang
Große Worte blieben
Und dann als Aas
Im Fluß der Zeiten trieben

Beinah erstickt
Zwischen den Wortkadavern
Floh ich die Flüsse
Die sehr faulig gärten
Aus deren Haut
Die weißen Bäuche
Toter Fische schwärten.

Manipulation

Hypnotisiert vom Glotzauge der Fernseher. Wenn
Alles schläft, blinzeln sie sich zu durch die
Flackernden Fensterscheiben und verständigen sich
Über die nächsten posthypnotischen Aufträge, die
Ausgeführt werden mit schlafwandlerischer Sicherheit
Life reflektiert von Mattscheibe zu Mattscheibe.

Schweigsamer Besuch

Zwischen den Unterhaltungssendungen sehen
Hin und wieder die täglichen Toten ins Haus.

Manchmal schauen sie uns sehr verwundert an und
Sind völlig sprachlos.

Meist aber tun sie so, als würden sie uns
Gar nicht bemerken.

Sie kehren uns taktvoll den Rücken.

Radschlagender Pfau

Stahlblau aufgefächerter Mikrohimmel
Voll exotischer Sonnentrümpfe.

Wie stolz er thront
Auf dem Affenkäfig.

Wie laut er schreien kann
Mit seinem kleinen Kopf:

Ich bin der Frühling!

Und wie er sich wegdreht
Über den nackten Armen der Bäume.

Törichter Zaubervogel, schieb zusammen
Dein schillernd Geschwänz.

Sieh
Wie die Äste der Bäume
In anderem Blau sich verwurzeln.

Selbstkarikatur

Ich bin so komisch
Daß ich Affen zum Lachen bringe
Wenn ich mich kratze.

Ich bin so traurig
Daß die Hunde zu heulen anfangen
Wenn sie mich sehen.

Ich bin so zornig
Daß es dem Onkel im Fernseher die Sprache verschlägt
Wenn ich ihn anschreie.

Ich bin so praktisch
Daß ich mir mit dünnen Gedichten den Mund abwische
Wenn keine Serviette zur Hand ist.

Ich bin so gutmütig
Daß mich manche Menschen für harmlos halten
Wenn ich sie anlächle.

Ich bin so giftig
Daß ich Löcher in Kalkstein ätze
Wenn ich drauf spucke.

Ich bin so frei
Daß aus den Winterbäumen der Rauhreif fällt
Wenn ich laut lache.

Freche Vögel

Fußwanderung im Herbste bei wechselhaftem Wetter

Ich rede in den Gegenwind
Der wird davon sehr böse
Der springt mich an und bläst sich auf
Zu seiner ganzen Größe.

Der bellt mir Böen ins Gesicht
Als wollte er mich fressen.
Ich beuge mich bloß etwas vor
Geh meines Wegs gemessen.

Da kuscht er sich und kriecht davon
Ich hör ihn nur noch winseln.
Der Herbst verkleckst die Farben nicht
Und kann in Ruhe pinseln.

Der eingebildete Hund

Ein Hund umschnürt die große, brave
Folgsame Herde guter Schafe.
Nur mal geknurrt oder gebellt
Schon hat sie sich neu aufgestellt.
Noch mal gebellt, darf sie sich rühren
Läßt sich leicht lenken oder führen.

Das bringt den Hund auf den Gedanken
Die Macht von ihm sei ohne Schranken.

So will er sie an andern Tieren
Mal eines Tages ausprobieren
Springt kläffend los auf eine Herde
Friedlich und still weidender Pferde. –
Die haben sich den Krach verbeten
Und ihn derb vors Maul getreten.

Gute Zähne

Will ein böser Hund dich beißen
Mußt du nicht vor ihm ausreißen
Sondern ihm die Zähne zeigen
Und dann wird er ängstlich schweigen.

Wenn jedoch in deinen Zähnen
Ungeheure Löcher gähnen
Kannst du ihn nicht überzeugen
Ist die Bestie nicht zu beugen.

Macht er aber große Augen
Weißt du, daß sie etwas taugen.
Er wird seinen Schwanz einziehen
Und vor deinem Bisse fliehen.

Denn am besten sind gesunde
Zähne gegen böse Hunde.

Begegnung

Ein Clown kommt auf den Händen
Und einer auf den Füßen.
Da bleiben sie verlegen stehn
Und wollen sich begrüßen.

Der eine reicht die rechte Hand
Der andre reicht den rechten Fuß.
So wünschen sie sich „guten Tag“
So wechseln sie den Gruß.

Dann gehn sie auseinander
Und schütteln ihren Kopf.
Und jeder denkt vom andern:
Welch wunderlicher Tropf.

Chaplin und der Polizist

Chaplin hat eine weiße Taube
Unter seinem schwarzen Hut
Und reizt einen dummen Polizisten
Bis aufs Blut
Indem er genauso aufgeblasen
Hin und her marschiert
Als ob ihm allein
Die breite Straße gehört
Bis der Polizist brüllt:
Du hast wohl einen Vogel!
Ich nehme dich fest!
Worauf Chaplin den Hut zieht
Und die Taube fliegen läßt.

Der Polizist
Guckt der Taube blöd hinterher.
Anschließend
Findet er Chaplin nicht mehr.

Freche Vögel

Während einer faden Stunde
Spielte eine Zaubergeige
Und da blühten in dem Schulhof
An dem Apfelbaum die Zweige.

Und die Sonne baute heimlich
In des Apfelbaums Geäst
Für die Vögel aus der Gegend
Ein ganz großes goldnes Nest.

Und die kamen und benahmen
Sich, als wären sie zu Haus
Pfiffen einfach einen Lehrer
Und die triste Stunde aus.

Die Bestimmung der Zeit

Obwohl ich mir abgewöhnte, eine Uhr herumzutragen
(Mir sind schon zu viele kaputtgegangen)
Hören die Leute nicht auf, mich zu fragen
Wie spät es sei.

Da ziehe ich einen Würfel und kein Nürnberger Ei.
Den lasse ich fallen und sage zum Beispiel:
Wie sie sehen, ist es gerade um drei

Mitteleuropäischer Zeit.
Die Höflichen bedanken sich
Aber die Spitzfindigen sind nicht immer bereit
Mir zu glauben, denn ein Würfel könne nur aufrunden
Und versage mit seinen sechs Augen bei
vierundzwanzig Stunden.

Wird mir das zu dumm, diskutier ich nicht viel.
Ein empfindsamer Mensch hat die Zeit im Gefühl.

Doch tun mir welche wirklich leid
Erkläre ich denen idiotensicher und breit
Die genaue Bestimmung der mitteleuropäischen Zeit:

Sie würfeln viermal zur Ermittlung der vollen Stunden
Ein zehnmaliges Würfeln ergibt die Minuten
Und ein zehnmaliges Würfeln zum Schluß die Sekunden.

Aber nur, wenn Sie es sehr eilig haben.
Mehr kann ich Ihnen nun nicht verraten.

Der schlaue Kuckuck

Ein Kuckuck fand es einmal stur
Immer Kuckuck, Kuckuck zu rufen
Als wär er eine Kuckucksuhr.

Das Rufen völlig sein zu lassen
Würde jedoch den Menschen wieder
Im Frühling nicht besonders passen.

Schließlich fand er im Walde tief
Den Platz, wo er nur Kuckuck sagte
Und dann für ihn das Echo rief.

Wie man einen Berg überlistet

Ein hoher Berg gibt protzend an
Daß niemand ihn besteigen kann
Denn dazu müßte man schon fliegen.
Ich laß den Berg zunächst links liegen
Und gehe etwas schräg empor
Als hätt ich nichts Besondres vor.
Dann wend ich meinen Kurs so sehr
Als ginge ich zurück nunmehr
Während ich weiter sachte steige
Den Berg jetzt auf der rechten Seite.
Der denkt, daß ich ganz harmlos bin.
Ich pfeif ein Liedlein vor mich hin
Und gehe kreuz und quer spazieren
Bis wir uns aus dem Blick verlieren.
Doch plötzlich guckt der Berg recht dumm.
Ich steig ihm auf dem Kopf herum.

Die Bäume und die Vögel

Die Bäume stehn im Winde
Und tragen ihr Sommerkleid.
Das ist sehr leicht und luftig
Und ein kleines bißchen zu weit.

Da können die Vögel durch fliegen
Ohne anzuecken
Oder sich wie die Eichhörnchen
Bequem darunter verstecken.

Und wenn sie Lust verspüren
Auch Nester darin bauen
Denn zu den Bäumen haben
Die Vögel viel Vertrauen.

Der Clown

Der Clown zieht
Vor einer Schönen seinen Hut
Die den Clown aber nicht einmal
Anzusehen geruht.

Der Clown
Der sich um sie weiter bemüht
Spielt ihr auf der Geige
Sein bestes Lied.

Der Clown läuft ihr hinterher
Bis die Musik abbricht
Weil er über seine großen Schuhe
Gestolpert ist.

Der Clown weint
Und die Schöne lacht Tränen
Ohne sich auch nur
Ein bißchen zu schämen.

Der Clown wischt sich die Nase
An ihrem Rock
Und holt sich aus dem Orchester
Einen Trommelstock.

Der Clown
Beweist dem entsetzten Mädel
Daß es sehr hohl klingt
In ihrem Schädel.

Vogelscheuchen

Die Vogelscheuchen tun mir leid
Stehn Tag und Nacht nur so herum

Verbringen sinnlos ihre Zeit
Verwittern schnell und werden krumm.

Ganz ausgeblichen, ausgefranst
Im Lumpenwind nach Klapperblech

Ist bald ihr letzter Tanz getanzt
Die Vögel sind noch immer frech.

Das Lied der Katze

Die Nacht ist so schwarz
So schwarz wie mein Fell.
Die Nacht ist mein liebster
Mein bester Gesell.

Da träumen die Vögel.
Da ist's nicht so schlimm
Da tut's nicht so weh
Wenn ich sie verschling.

Da gehen die Mäuse
So ahnungslos aus
Da kommen die Mäuse
Nicht wieder nach Haus.

Da schweigen die Bäume.
Da war ich es nicht
Wenn plötzlich die Stimme
Der Nachtigall bricht.

Die Nacht ist so schwarz
So schwarz wie mein Fell.
Die Nacht ist mein liebster
Mein bester Gesell.

Kamele

Das Kamel kann nichts dafür
Denn es ist ein verhältnismäßig hohes Tier
Und hat so einen nach hinten gehaltenen Hals
Und damit so ein dümmlich-erhabenes Gesicht, als
Würde es absichtlich über die Menschen hinwegsehen
Oder bloß die Nasenlöcher über sie blähen
Daß man, wenn man nicht richtig denkt
Glauben könnte, Kamele seien beschränkt.

Doch man darf bei den Tieren und besonders bei diesen
Nicht von den Menschen auf sie schließen.

Die liebe Katze

Ein Angler hatte den Haken
In einen Fluß gehängt
Und seine geduldige Katze
Bekam einen Fisch geschenkt.

Sie saßen gar viele Stunden
Doch keiner ließ sich mehr fangen
Da sind sie am Abend beide
Sehr traurig nach Hause gegangen.

Und weil sie an diesem Tage
So wenig Glück nur hatten
Erklärte die liebe Katze:
Jetzt fang ich uns zwei Ratten.

Tiergemeinschaft
(kleine Zoologie für große Kinder)

Das Mondkalb, außer Rand und Band
Zieht mit dem Vollmond übers Land.

Die Eule blinzelt in das Licht.
Der Mond gefällt ihr diesmal nicht.

Die Wölfe heulen in die Nacht:
Wann wird mal jemand umgebracht?

Die Krähe hockt auf hohem Sitz
Und wetzt sich ihren Schnabel spitz.

Die Nachtigall hört auf zu singen.
Da kann die Katz nicht nach ihr springen.

Die Katze frißt die Maus mit Maß.
Man sieht, ihr macht das Fressen Spaß.

Die Schlange schlingt den Fraß so hinter.
Vielleicht ist das für sie gesünder.

Das Rind im Schlaf kaut hin und her.
Bei ihm dauert es länger – er.

Die Ameis hat als Kopf 'ne Zange.
So macht sie manchem Tierchen bange.

Die Ratten und die Kakerlaken
Im Finstern tun sie sich benagen.

Der Holzwurm in der Kuckucksuhr
Der sieht sich vor dem Kuckuck vor.

Heu und Stroh macht ‘s Rindvieh froh

Man sollte niemals vergessen
Daß Rinder ganz gern Zellulose fressen.

Sie könnten nach dreimaligem Kauen
Die trockensten Bücher glänzend verdauen.

Auch wenn sie zunächst etwas stutzen
Wär das von großem gesellschaftlichen Nutzen.

So ließ sich aus den unmöglichsten Sachen
Noch richtiger Quark und Käse machen.

Unerhörte Begebenheit

Ein Maler malte Menschen
Die ohne Flugzeug flogen
Und so wie wilde Schwäne
Über den Himmel zogen.

Da sagte man dem Maler
Er sei wohl nicht gescheit
Denn ohne Flugzeug fliege
Kein Mensch in Wirklichkeit.

Der Maler nahm sein Bild
Und sagte nicht ein Wort
Hielt es wie einen Drachen
Und flog im Herbstwind fort.

Was flüstert der Baum mit dem Wind

Was flüstert der Wind mit dem Baum?
Was flüstert der Baum mit dem Wind?
Nun ja, das ist eben nicht
Für falsche Ohren bestimmt.

Die stecken heimlich zusammen.
Die hecken doch etwas aus.
Die dümmlichen Lauscher fürchten
Da käme nichts Gutes 'bei raus.

Was flüstert der Baum mit dem Wind?
Was flüstert der Wind mit dem Baum?
Das möchten sie gerne wissen.
Da würden die aber staunen.

Ich kann es gut verstehen
So daß ich es auch weiß.
Ich könnt es ihnen sagen
Doch aller Anfang ist leis.

Was flüstert der Wind mit dem Baum?
Was flüstert der Baum mit dem Wind?
Sie werden es schon erfahren
Und zwar überraschend geschwind.

(Sie sollen sich untern Baum stelln
Und spitzen das Eselsohr.
Dann läßt der Wind sich gehen
Und bricht als Sturm hervor.)

Was flüstert der Wind mit dem Baum?
Was flüstert der Baum mit dem Wind?
Das werden sie denen flüstern
Weil die so neugierig sind:

Nun hört nur, wie der Baum
Laut mit dem Sturmwind lacht
Und euch mit Knüppeln schlägt
Daß es sehr hölzern kracht.

Umgraben im Herbst

Der Spatenstich fährt in die Gartenerde.
Er wendet um, was bisher oben war.
Kopfüber stürzt das Unkraut in die Tiefe
Wo es zu Mist verfault fürs nächste Jahr.

Die Umwälzung verwirrt die vielen Würmer.
Ein Vogel kommt bald, der sie alle frißt
Wenn sie sich noch sehr lange überlegen
Was nunmehr oben und was unten ist.

Nachbemerkung

„Panik im Olymp“ heißt ein aufrührerisches Gedicht, in dem sich Sisyphos als Prometheus erprobt. Anpassung, Unterwerfung, sinnlose Fron werden in einem kraftvollen Befreiungsakt überflüssig gemacht. Damit verweigert der Dichter zugleich die Mühsal, den absurden Vorgang auf immer neue, tiefsinnige Weise zu billigen. Der scheinbar antireligiöse Gestus hat es möglich gemacht, den Text in DDR-Zeiten drucken zu lassen. Dabei ist die Maske der Sisyphos-Gestalt löchrig genug, daß hinter ihr das Gesicht des Autors kenntlich wird. Und die beschlipsten Götter bewirken sehr irdische Assoziationen.

Auch andere Texte Dieter Muckes sind von radikaler Deutlichkeit: Gedichte wie „Installation einer Zeitbombe“, „Unruhige Zeiten“ oder„Einfache Schlußfolgerungen“ liefern auf poetische Weise Revolutionstheorie und sagten die Erdbeben voraus, die dem Unterdrückungsapparat ein Ende machen sollten. Scheltgedichte belegen Unterdrücker und Spitzel mit drastischen Namen, und Muckes Satiren verteilen nicht nur Nadelstiche, sondern oft genug Keulenschläge. Um so erstaunlicher ist es, wie sich dieser Autor durch Jahrzehnte hin, ungebeugt und ungebrochen, den aufrechten Gang bewahrt.

Dabei war schon verwunderlich gewesen, wie sich Dieter Mucke, 1936 in Leipzig geboren, unter den ungünstigsten Umständen zum Dichter bilden konnte. Sein Vater, ein Werkmeister, wünschte für den Sohn die Laufbahn eines Ingenieurs, nicht die eines brotlosen Künstlers. Und die Staatsdiener haben ihm auf seinem Bildungsweg kräftig Knüppel zwischen die Beine geworfen. Das Studium der Psychologie mußte er 1957 abbrechen, weil er aus der vormilitärischen „Gesellschaft für Sport und Technik“ ausgetreten war – unerträglich war es ihm, üben zu müssen, wie man Gegnern mit dem Bajonett die Bäuche aufschlitzt. Ein Studium an der Filmhochschule in Babelsberg wurde 1963 durch Relegierung abgebrochen. Nach kurzem Stadium an der Dichterhochschule in Leipzig ist Dieter Mucke dort 1965 exmatrikuliert und bald danach verhaftet worden. Aber statt ihn von der Literatur abzuhalten, führten ihn all diese Vorgänge zu ihr hin.

Im väterlichen Bücherschrank fanden sich Werkausgaben von Goethe, Shakespeare, Mörike, Stifter und Heine. In einer Entwicklungsphase, da viele Gleichaltrige in Triviallektüre schwelgen, las er Lyrik und wurde von Goethes Prometheus-Gedicht entscheidend beeindruckt. Das magere, meist doktrinäre

Lehrangebot während des Psychologiestudiums bereicherte er durch die Lektüre großer Entwicklungsromane: Goethe, Keller, Thomas Mann, Rolland. Und als er an der Filmhochschule in Kollision geriet, war der Anlaß keine Fotografie oder Filmarbeit, sondern ein Text, den er an die Wandzeitung geheftet hatte.

Fortan begann er Gedichte, die er vorher nur zur Selbstverständigung verfaßt hatte, mit literarischem Anspruch zu schreiben. Der Text, der am Leipziger Literaturinstitut jenen eruptiven Konflikt hervorrief, war eine kleine Etüde, in der er die Austreibung aus der Filmhochschule reflektiert hatte. Auf nur einer Schreibmaschinenseite wurden mehrere brisante Themen versammelt: Spott über die Ulbricht-Ikone an der Gaststättenwand. Außerdem ein Vergleich des „sozialistischen Grußes“, der unter dem Relegierungsschreiben zu lesen war, mit dem Hitlergruß. Und schließlich eine Metapher nach Art des Rabelais, wenn als Ausdruck des Ekels von einem Futtereimer voll gekochter Parteiabzeichen die Rede geht – deren Nadeln beim Fressen wie Spelzen auszuspucken seien.

Dieter Mucke wurde denunziert, ist danach über Jahrzehnte hin observiert, behindert und verfolgt worden. In dieser Situation, da ihm fast kein anderer Beruf mehr blieb, wurde er zum freiberuflichen Autor, hat Bücher geschrieben und in langwierigen, kräftezehrenden Kämpfen ihre Drucklegung durchgesetzt: Erzählprosa, satirische Märchen, Kinderbücher, die Gedichtbände „Wetterhahn und Nachtigall“, „Freche Vögel“, „Die Lichtmühle“, „Kammwanderung“.

Die Poesie des Autors ist weit gefächert. Sie umfaßt Odenhaftes, Elegisches und Satirisches, subtile Naturlyrik und balladeske Verse, grüblerisch argumentierende und rhetorische, aber auch verspielt-scherzhafte Gedichte. Sie sind Bruchstücke eines großen Credos, in dem sich der Dichter zu aufklärerischen Grundhaltungen bekennt, zur Ethik der Dichtung, zu sensuellem Weltverständnis. Er meidet die Selbstbespiegelung und ist dennoch deutlich zu erkennen: streitbar, unbequem, sich kräftig einmischend.

Hubert Witt

Inhalt

Die Orakel der Vegetation

Unruhige Zeiten

Zweiter Band der *edition MERLIN*

Die Deutsche Bibliothek - CIP-Einheitsaufnahme

Mucke, Dieter:
Panik im Olymp : Gedichte / Dieter Mucke. - Halle ; Zürich :
Stekovics, 1995
(Edition Merlin ; Bd. 2)
ISBN 3-929330-53-9
NE: GT

Die Gedichte Dieter Muckes entstanden in dem Zeitraum von 1965 bis 1995. Diese Auswahl enthält veröffentlichte und unveröffentlichte Gedichte. Herausgeber der Reihe ist Roland Rittig.

Dieter Mucke · **Panik im Olymp**
Gedichte
Gesamtherstellung: STEKOFOTO

Verlag Janos Stekovics
Halle - Zürich
ISBN 3-929330-53-9